GESCHICHTE

913 wird Kassel erstmals genannt. Die frühe Ansiedlung entwickelte sich am linken Fuldaufer neben dem Königshof, der an der Stelle des späteren Schlosses und heutigen Regierungsgebäudes (von 1957–60) auf der leichten Erhebung lag. Die stetig wachsende Ansiedlung, die vor 1189 durch die Landgrafen von Thüringen zur Stadt ernannt wurde, lag im Schnittpunkt zweier Handelsstraßen, die von Mainz und Frankfurt zur Weser und weiter nach Norddeutschland bzw. von Leipzig nach Köln führten.

Nach dem Aussterben der Landgrafen von Thüringen 1247 erwählte der erste Landgraf von Hessen, Heinrich I. (1264–1308), ein Enkel der hl. Elisabeth von Thüringen, Kassel zur landgräflichen Residenzstadt und ließ 1277 eine neue Burg anstelle des Königshofs errichten. Die beiden Ufer der Fulda verband Heinrich I. durch eine Brücke, zu deren Schutz er kurz vor 1283 auf dem rechten Fuldaufer die Unterneustadt anlegen ließ.

Die Lehre Luthers wurde in der 4.500 Einwohner zählenden Stadt 1527 eingeführt und die Stadt im Laufe des 16. Jahrhunderts zu einer mächtigen Festung ausgebaut.

Nach dem Tod Landgraf Philipps des Großmütigen 1567 fiel Großhessen zunächst in vier, bald endgültig in zwei Teile auseinander: Hessen-Kassel und Hessen-Darmstadt.

Die Festung Kassel war eine der stärksten Mitteleuropas. Daher blieb sie vom Dreißigjährigen Krieg verschont.

Ab 1685 nahm Landgraf Karl I. (reg. 1677–1730) Glaubensflüchtlinge aus Frankreich, vor allem Hugenotten, in Kassel auf. Für

Stadtplan von Kassel von M. Merian, um 1646
Deutlich sichtbar sind die starke Befestigung, die Brücke über der Fulda und das mit einer eigenen Mauer umgebene ehem. Landgrafenschloss neben der Fulda, das auf den Königshof bzw. die Burg des Landgrafen Heinrich I. zurückgeht, im 16. Jahrhundert erweitert wurde und 1811 abbrannte. Von dieser Anlage ist nur noch das Rondell am Fuldaufer (Abb. S. 17) erhalten.

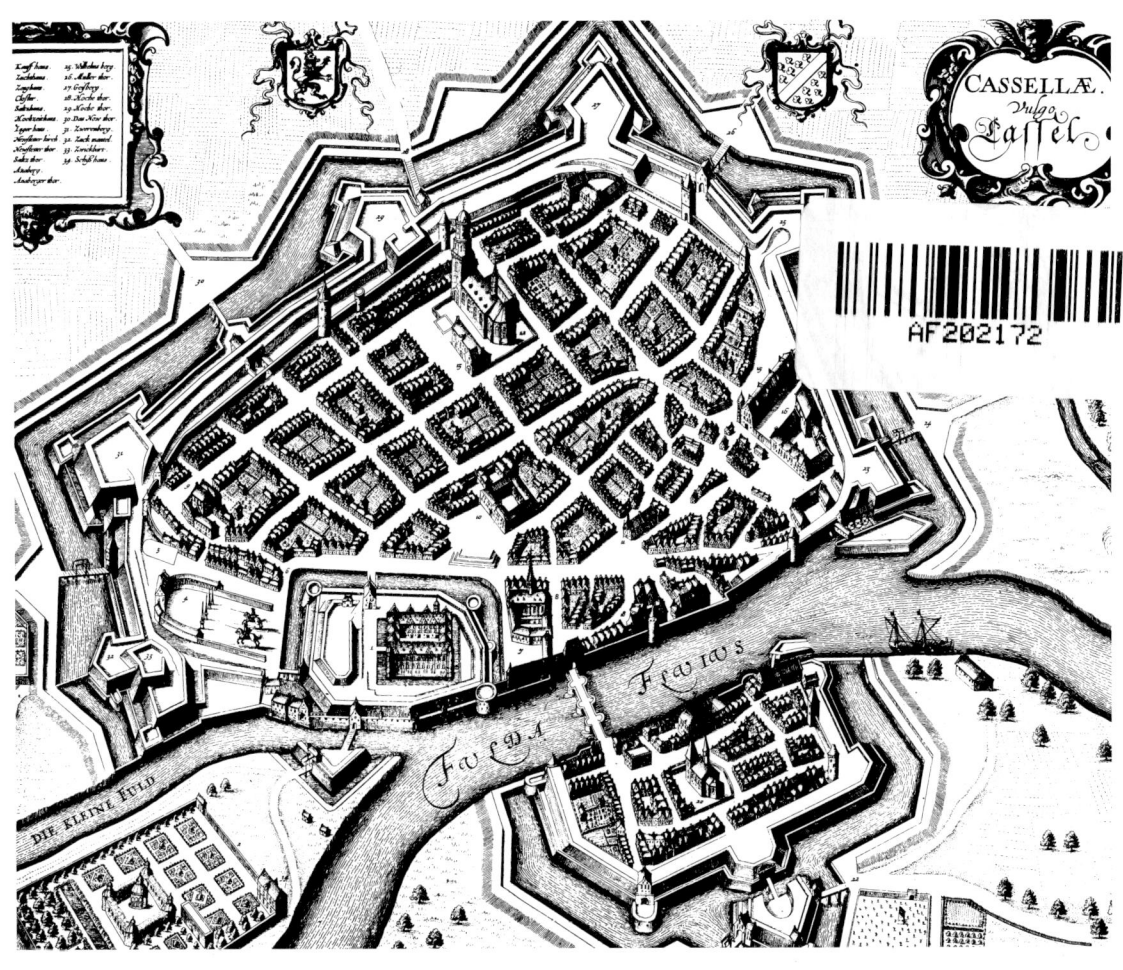

links:
*Das **Stadtmodell im Stadtmuseum** zeigt Kassel im Jahr 1766, rechts oben die stark befestigte Altstadt, links oben die vor den Festungsmauern für die Hugenotten errichtete Oberneustadt. Erkennbar ist außerdem links unten die großzügige barocke Gartenanlage mit der Orangerie auf der Fuldainsel, die nach ihrem Erbauer Landgraf Karl I. den Namen Karlsaue erhielt.*

unten:
*Das **Modell des Friedrichsplatzes im Stadtmuseum** zeigt den Zustand um 1800. Nach Schleifung der Wallanlagen hatte Simon Louis du Ry auf diesen freigewordenen Flächen unter anderem den Königs- und Friedrichsplatz als Verbindung zwischen Oberneustadt und Altstadt angelegt und damit städtebauliche Akzente geschaffen, die bis heute bestehen. Auf dem Modell erkennt man links oben den 1770 angelegten **Opernplatz** mit dem Palais Waitz von Eschen als platzabschließenden Bau.*

sie entstand ab 1688 unter dem Hofbaumeister Paul du Ry (1640–1714) ein neuer Stadtteil, die Oberneustadt. Das Areal umfasste die Baublöcke zwischen Oberer Königsstraße, Schöner Aussicht, Friedrichstraße und Friedrichsplatz, in der Mitte den Karlsplatz mit der Karlskirche als Zentrum.

Bau- und Gartenkunst wurden unter Landgraf Karl gefördert, und so entstanden die Karlsaue und der Herkules mit den Kaskaden in Wilhelmshöhe. Außerdem ließ er verschiedene Gewerbebetriebe gründen, z. B. den Kupferhammer und Messinghof. Karls Sohn, Landgraf Wilhelm VIII. (reg. 1730–60), erbaute außerhalb Kassels das Schloss Wilhelmsthal. Auf ihn geht die bedeutende Sammlung niederländischer Barockmaler der heutigen Galerie Alter Meister zurück.

Während des Siebenjährigen Krieges (1756–63) kämpfte Hessen-Kassel an der Seite Preußens. 1756 wurde Kassel zeitweise von den Franzosen besetzt.

Unter Landgraf Friedrich II. (reg. 1760–85) wurden ab 1767 die kriegstechnisch überholten Festungsanlagen um die Altstadt und Unterneustadt niedergelegt. Sie wurden durch eine aus steuerlichen Gründen errichtete Mauer um die gesamte Stadt ersetzt. Altstadt und Oberneustadt konnten nun zusammenwachsen. Mit der Schleifung der Befestigung und den städte-

baulichen Maßnahmen beauftragte Friedrich II. seinen Baumeister Simon Louis du Ry (1726–99), einen Enkel des von Landgraf Karl nach Kassel geholten Paul du Ry. S. L. du Ry setzte mit dem später überbauten Paradeplatz südlich der Altstadt, dem Friedrichsplatz im Südwesten und dem kreisförmigen Königsplatz im Westen städtebauliche Akzente. Zudem wurde ab 1778 die Wilhelmshöher Allee erbaut. 1777 erfolgte die Einrichtung einer Akademie der Künste, an der Johann Heinrich Tischbein, Johann August Nahl und Simon Louis du Ry tätig wurden.

Die dynastisch-politischen Bindungen an Hannover und somit England führten im letzten Viertel des 18. Jahrhunderts einerseits zur Beteiligung hessischer Soldaten auf Seiten der Engländer am amerikanischen Unabhängigkeitskrieg 1776–83,

andererseits zur frühen Realisierung englischer Ideen in der Bau- und Gartenkunst. Landgraf Friedrich II. begann mit der Umgestaltung der barocken französischen Gärten zu Englischen Landschaftsgärten; Wilhelm IX. (seit 1803 Kurfürst Wilhelm I.) ließ u. a. die pseudomittelalterliche Löwenburg und das am englischen Palladianismus orientierte Schloss errichten. Die großartige Parkanlage Wilhelmshöhe, Weltkulturerbe seit 2013, trägt seinen Namen.

Mit 23.000 Einwohnern, neuen Stadtvierteln, Platz-, Schloss- und Parkanlagen war Kassel um 1800 eine der attraktivsten Städte Europas. Deshalb fiel 1807 bei der Bildung des bis 1813 bestehenden neuen Königreichs Westphalen unter Napoleon I. die Wahl der Hauptstadt auf Kassel. Als neuer Herrscher zog Jérôme, Napoleons jüngster Bruder, bis 1813 in Schloss Wilhelmshöhe ein, das nun für einige Jahre „Napoleonshöhe" genannt wurde, und ließ dort auch Baumaßnahmen durchführen. 1813 konnte Kurfürst Wilhelm I. nach Kassel zurückkehren, wenngleich sein Renaissanceschloss in der Altstadt 1811 abgebrannt war.

1866 annektierte Preußen die bisherigen Staaten Kurhessen und Nassau und vereinigte sie mit der Freien Stadt Frankfurt zur Provinz Hessen-Nassau. Kassel wurde die Hauptstadt der neuen Provinz und Sitz ihres Oberpräsidenten.

Anfang des 20. Jahrhunderts erreichte Kassel die Einwohnerzahl von 100.000, 1936 infolge von Eingemeindungen gar 225.000. Entsprechend waren um 1900 beachtliche Neubauviertel mit bedeutenden Bauten des Historismus und Jugendstils entstanden.

Am 22./23. Oktober 1943 wurde die Innenstadt durch die Bombardierung britischer Verbände vernichtet. Fast 10.000 Menschen verloren dabei ihr Leben. Zerstört wurden 76 % der Wohnhäuser, 85 % der Wohnungen, 65 % der Industrieanlagen der Großstadt.

Noch während des Krieges wurden Wiederaufbaupläne für eine nationalsozialistische Gauhauptstadt entworfen. Da diese teilweise 1946 in der Ausstellung „Kassel baut auf" gezeigt wurden, musste die Ausstellung nach Protesten vorzeitig geschlossen werden. Der eigentliche Wiederaufbau begann nach neuerlichem Wettbewerb

erst relativ spät ab 1950. Er erfolgte nach den „Erfordernissen des modernen Verkehrs". Der Wiederaufbau nahm kaum Rücksicht auf die ehemaligen städtebaulichen Besonderheiten der historischen Innenstadt. Der Neubauwille war so groß, dass aus städtebaulichen Gründen und aus Ablehnung der Architektur des 19. Jahrhunderts auch in den Außenmauern noch gut erhaltene Bauten unnötigerweise noch in den 1950er Jahren abgebrochen wurden, wie z. B. das Langhaus der Lutherkirche, in der bereits eine Notkirche eingerichtet worden war, das Haus des Bildhauers Joh. August Nahl (Königsstraße 41), das bereits wiederhergestellt worden war, das Weiße und Rote Palais am Friedrichsplatz, bei denen es sich um die kurfürstliche Residenz handelte, die alte Hauptpost, der Marstall, das Palais Waitz von Eschen von S. L. du Ry, das von 1876–80 erbaute mächtige Regierungs- und Justizgebäude und das Staatstheater, in dem noch Kinoaufführungen stattfanden. Teile des ehemaligen Zeughauses wurden noch nach 1960 abgebrochen, das im Krieg unbeschädigte Rouxsche Palais von S. L. du Ry ersetzte man 1968 durch eine Kopie. Ebenso fragwürdig war der Umgang mit den Industriebauten auf dem Gelände der heutigen Universität in den 1980er Jahren. 1997 erfolgte der Abbruch des letzten Fachwerkhauses aus Kassels Altstadt (Mosenthalstraße 6).

1955 fand die erste Bundesgartenschau in Kassel statt. Sie wurde ebenso wie die erste von Professor Arnold Bode im selben Jahr organisierte documenta ein Erfolg. 1959 erfolgte die documenta 2, die 137.000 Besucher anzog. Seitdem wurde alle vier oder fünf Jahre die sogenannte „documenta", eine der großen internationalen Ausstellungen für zeitgenössische Kunst, durchgeführt: 1964, 1968, 1972, 1977, 1982, 1987, 1992, 1997, 2002, 2007, 2012 und 2017. Dabei stieg des Zahl der Besucher stetig an. Die documenta im Jahr 2012 sahen 900.000 Kunstfreunde.

1991 wurde der Intercity-Bahnhof eingeweiht, der einzige größere Bahnhofsneubau der vergangenen Jahrzehnte.

Heute leben in Kassel knapp über 200.000 Einwohner. Die Stadt ist kulturelles und wirtschaftliches Zentrum für etwa eine Million Menschen.

1943 wurde die Innenstadt Kassels fast vollständig zerstört. Eine der reizvollsten Großstädte Deutschlands mit der mittelalterlich-frühneuzeitlichen Altstadt und seinen verwinkelten Gassen und malerischen Fachwerkhäusern sowie der barocken Neustadt ging verloren.
oben: Ausschnitt aus einem Gemälde von Ernst Metz im Stadtmuseum.

unten: Bettenhäuser Straße (um 1920)

unten: Bahnhof Kassel-Wilhelmshöhe, 1981–1990

FRIEDRICHSPLATZ

Der Friedrichsplatz, mit etwa 340 x 112 Metern einer der größten städtischen Plätze Deutschlands, entstand ab 1767 nach der Planung des hugenottischen Baumeisters Simon Louis du Ry auf der geschleiften Stadtbefestigung. Ry schuf so eine Verbindung zwischen der Altstadt und der hugenottischen Oberneustadt und zugleich einen Übergang von der innersten Stadt zur weiten Landschaft, der Karlsaue. Den Platz umgaben bis 1943 prächtige Palastbauten, darunter das ab 1831 als Residenzschloss der hessischen Kurfürsten genutzte Weiße Palais (1767–69)

*oben: Der **Friedrichsplatz um 1900**: links das Weiße und Rote Palais (ehemalige Residenzschlösser der Kurfürsten), daneben das Fridericianum, rechts das Hofverwaltungsgebäude von Bromeis und die Elisabethenkirche von Simon Louis du Ry (die katholische Hofkirche von 1777)*

*links: **Marmorstandbild des Landgrafen Friedrich II.** (1760–85) in Feldherrenpose und antikisierendem Gewand von Johann August und Samuel Nahl 1781–83*

*unten: **Fridericianum** (1769–79) von S. L. du Ry, erstes öffentlich zugängliches Museumsgebäude in Europa mit seitlichem Zwehrenturm (um 1330)*

rechts: Das **Ottoneum** wurde 1603–06 unter Landgraf Moritz durch Wilhelm Vernukken als ältestes feststehendes Schauspielhaus Deutschlands erbaut und nach seinem ältesten Sohn Otto benannt. Nachdem das Theater schon 1618 seine Funktion verlor, wurde es Gießhaus, Soldatenkirche, 1697 Kunsthaus (ab 1709 zugleich auch Observatorium), nach 1785 u. a. Gericht und ist seit 1884 **Naturkundemuseum**. Die Fassade des Ottoneums zum Friedrichsplatz geht auf Entwürfe Paul du Rys von 1696 zurück, der das Gebäude zum Kunsthaus umbaute.

NATURKUNDEMUSEUM IM OTTONEUM

Die Ausstellungsobjekte aus den Bereichen Botanik, Geologie und Zoologie genießen Weltruhm, darunter die älteste systematische Pflanzensammlung Deutschlands (Herbar Ratzenberger von 1556–92)

unten: Eine Attraktion des **Naturkundemuseum**s ist der **„Goethe-Elefant"**, das erste präparierte Elefantenskelett. Der Elefant lebte im Tiergehege des Landgrafen Friedrich II. in der Karlsaue und verstarb 1780. Der präparierte Elefantenkörper verbrannte im 2. Weltkrieg. Sein zu anatomischen Studien aufbewahrtes Skelett blieb erhalten. Goethe bezog den Elefantenschädel in seine Studien zum Zwischenkieferknochen bei Säugetieren mit ein (daher der Name Goethe-Elefant).

In den Geschäfts-Neubau von 1961 des Architekten Sep Ruf (Germanisches Nationalmuseum Nürnberg/Kanzlerpavillon in Bonn) wurde die Säulenvorhalle des **Roten Palais** (1821–26) von Johann Conrad Bromeis integriert. Die Figurengruppe auf der klassizistischen Vorhalle stammt von Thomas Schütte (im Zuge der documenta 9).

Die Fassade des **Ottoneum**s zum Papinplatz zeigt einen Volutengiebel (1603–06), der von Wilhelm Vernukken entworfen wurde.

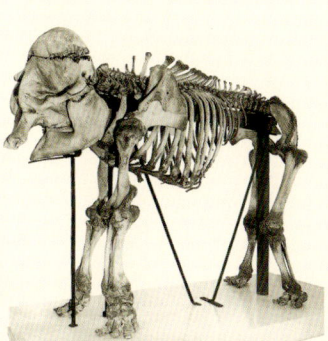

rechts: Die Gebäude des 1297 gegründeten **St.-Elisabeth-Hospitals** wurden im Wesentlichen 1586/87 erbaut und nach starker Beschädigung im 2. Weltkrieg vereinfachend wiedererrichtet. In der Nische von 1587 steht eine Hl.-Elisabeth-Statue (Original im Stadtmuseum, 1. Viertel des 15. Jahrhunderts).

*Der Vorgängerbau des **Staatstheaters** von 1907–09 musste trotz heftiger Proteste nach Beschädigungen im 2. Weltkrieg dem heutigen, 1959 eingeweihten Neubau von Paul Bode und Ernst Brundig weichen. Der 1952 von Hans Scharoun und Hermann Mattern prämierte Wettbewerbsentwurf, der an den später realisierten eindrucksvollen Bau der Berliner Philharmonie erinnert, wurde zwar begonnen, aber zugunsten des ausgeführten neuen Entwurfs von Bode und Brundig aufgegeben. 1981 erfolgte die Verkleidung der Wände mit Granit.*

von S. L. du Ry bzw. Rote Palais (1821–26) von Johann Conrad Bromeis, die trotz erhaltener Außenmauern in den 1950er Jahren abgebrochen wurden. Daneben entstand mit dem 1769–79 nach Plänen von S. L. du Ry errichteten **Fridericianum** der erste klassizistische Großbau Deutschlands und zugleich das erste für die Öffentlichkeit zugängliche Museums- und Bibliotheksgebäude in Europa (Umbauten 1808–10 durch Wolff und Klenze zum Ständehaus, 1828 durch Jussow zum Bibliotheks- und Sammlungsgebäude, Wiederaufbau 1955–65, jetzt Wechselausstellungen). Die über der Balustrade stehenden sechs Figuren der Künste und Wissenschaften schufen Heyd und Samuel Nahl. Seitlich steht der **Zwehrenturm** (um 1330, 1665 verändert) der ehemaligen Stadtmauer. Er markiert die Stelle der ehemaligen Ausfallstraße nach Frankfurt. 1707 wurde er zu einer Sternwarte umgebaut.

In der Mitte des Platzes befindet sich der **„vertikale Erdkilometer"**, das so genannte **„Kasseler Loch"**, des amerikanischen Künstlers Walter de Maria. Der in die Erde eingelassene Messingstab von 1000 Metern Länge ist ein Überbleibsel der documenta 6 (1977).

Der Friedrichsplatz bildet heute das Herz der Stadt, auf dem große Ereignisse stattfinden. Hier ließ z. B. Joseph Beuys 1982 6999 Granitblöcke auftürmen, Auftakt seines Projektes „Stadtverwaldung".

*Rechts neben dem Staatstheater wurde 1992 von Jourdan & Müller die **documenta Halle** erbaut, ein gelungener transparenter Glasbau, der sich mit seinem geschwungenen Grundriss geschickt in die Topographie einfügt.*

*rechts und links: **Sankt Elisabeth**, Kirchenbau von 1959/60 nach den Plänen des Münchener Architekten Armin Dietrich; zwei Meter hohe Skulptur auf einer vergoldeten Kugel des Bildhauers Stephan Balkenhol im Kirchturm, im Vorfeld der documenta 13 2012 errichtet.*

Das Gebäude **Schöne Aussicht 9** von 1734 wurde nach seiner Teilzerstörung 1943 wiederaufgebaut. Im Haus lebten im 18. Jh. u. a. französische Gesandte, im 19. Jh. die Brüder Grimm und der Chemiker Robert Bunsen.

Das *„Auefenster"* an der Südseite des Friedrichsplatzes wurde von der Künstlergruppe Haus-Rucker-Co 1977 anlässlich der documenta 6 errichtet. Der begehbare Rahmenbau entspricht dem riesenhaft vergrößerten Sucher einer Kamera, der den Blick auf die Karlsaue und die Orangerie einfängt (s. auch Abb. S. 2).

SCHÖNE AUSSICHT

Die Straße „Schöne Aussicht" gehört zur Oberneustadt, der barocken planmäßig nach Entwürfen Paul du Rys ab 1688 angelegten Hugenotten-Stadt. Die Frankfurter Straße durchschneidet heute das Gebiet, und auch die drei mehrgeschossigen Justizgebäude mit dazugehörigen Park- und Grünflächen nehmen keinen Bezug zur ursprünglichen blockartigen Bebauung.

unten: Das **Palais Bellevue** wurde im strengen Barockstil nach Plänen von Paul du Ry 1714 erbaut und um 1790 durch S. L. du Ry umgebaut. Zunächst Sternwarte, später Wohnsitz von Mitgliedern des Hofes, z. B. 1811–13 von König Jérôme und 1813–21 von Kurfürst Wilhelm I., war es bis 2014 Brüder Grimm-Museum.

Neben dem Palais Belle-vue steht der Museumsbau der **Museumslandschaft Hessen Kassel – Neue Galerie**, 1872–77 im Stil der italienischen Renais-sance – wie in dieser Zeit für Gemäldegalerien üb-lich – nach Plänen des kurhessischen Hofbau-direktors Heinrich von Dehn-Rotfelser erbaut.

links Mitte: Der Rund-tempel (1805) von Daniel Engelhard für den Kur-fürsten Wilhelm I. diente als Frühstückspavillon für die im Bellevue-Schlöss-chen weilenden Herrscher-familien.

Museumslandschaft Hessen Kassel – Neue Galerie
Schöne Aussicht 1

Die Neue Galerie bewahrt eine reiche Sammlung regional wie in-ternational herausragender Malerei, Skulpturen und neuer Medien des 19. bis 21. Jahrhunderts. Das Spektrum der präsentierten Werke reicht von der Romantik über den Historismus und den deut-schen Impressionismus, die Malerei und Skulptur der Klassischen Moderne bis zur Kunst der Nachkriegszeit: Informel, Pop-Art und Exponate abstrakter, ungegenständlicher Malerei. Die documenta-Erwerbungen seit 1982 bilden mit Werken international renommier-ter Künstlerinnen und Künstler einen eigenen Schwerpunkt. Herzstück des Hauses ist der vom Künstler im Jahr 1976 selbst eingerichtete Beuys-Raum mit dem Werk „Das Rudel" (the pack).

Die Kunst des 19. Jahrhunderts wird durch namhafte Künstler repräsentiert: z.B. Corinth, Defregger, Friedrich, Kaulbach, Liebermann (Abb. oben), Makart, Slevogt (Abb. unten), Spitzweg und Waldmüller.

links: Blick in die neu gestalteten Ausstellungs-räume mit Andy Warhols Porträt von Joseph Beuys, 1980

EHEMALIGER WEINBERG

Der als Weinberg bezeichnete Hang südlich der Weinbergstraße wurde vom Mittelalter bis zum 17. Jahrhundert als Weinberg vor der Stadt genutzt und um 1700 in die Befestigungswerke der Oberneustadt einbezogen. Nach deren Schleifung ab 1765 wurden die zwei Terrassen und der Park angelegt.

Museum für Sepulkralkultur
Weinbergstraße 25–27

Das in seiner Präsentation eigenwillige, gelungene und modern gestaltete Museum für Sepulkralkultur ist weltweit das einzige dieser Art. Nicht in erster Linie sind es die spektakulären Kunstwerke, sondern die Atmosphäre, die den Besuch zum Erlebnis werden lassen. Ansprechend ist auch der transparent konzipierte Neubau von 1992 des Architekten Wilhelm Kücker in Zusammenarbeit mit Klaus Freudenfeld in einer gelungenen Kombination mit dem Altbau.

GRIMMWELT Kassel
Weinbergstraße 21

Das 2015 eröffnete Ausstellungsgebäude beherbergt das Gebrüder-Grimm-Museum der Stadt. Es verzichtet auf eine traditionelle Museumspräsentation, in der Objekte im Vordergrund stehen. Stattdessen wird der Besucher mit neuen Medien konfrontiert, die ihnen das Leben von Jacob und Wilhelm Grimm, ihre Märchen und ihr Wörterbuch nahebringen sollen.

Universitätsbiliothek – Murhardsche Bibliothek
Brüder-Grimm Platz 4a

Das Gebäude (1905) entwarf Emil Hagberg (nach Kriegsschäden vereinfacht wiederhergestellt). Zum wertvollen Bestand von Handschriften und Drucken seit dem 6. Jh. gehören das Hildebrand-Lied (ältestes Zeugnis deutscher Dichtkunst, um 830), ein Gebetbuch der Kaiserin Kunigunde (11. Jh.), der Willehalm-Codex (um 1400) und eine Gutenbergbibel.

BRÜDER-GRIMM-PLATZ

Der Platz trägt den Namen der Brüder
Grimm, die im nördlichen Torwachtge-
bäude in den Jahren von 1814 bis 1822
lebten. Auf der Grünfläche steht seit 1985
ihr Denkmal der Bildhauerin Erika Maria
Wiegand (Abb. oben).

*rechts und unten: Das **Wilhelmshöher Tor** mit
seinen beiden **Wachhäusern** bildet den Abschluss der 5 km langen Wilhelmshöher Allee
stadteinwärts. Es wurde 1803 von Heinrich
Christoph Jussow erbaut.*

Museumslandschaft Hessen Kassel – Hessisches Landesmuseum

Brüder-Grimm-Platz 5

Vor- und Frühgeschichte

Eine anschauliche Präsentation mit zahlreichen Einzelfunden, Modellen und Schautafeln zeigt die Sammlung zur Vor- und Frühgeschichte Hessens. Unter den spektakulären Einzelstücken ragen das mit Schmuck reich ausgestattete Frauengrab von Molzbach (Kreis Fulda) aus der Hügelgräberbronzezeit (1400/1300 v. Chr.) und eine Zierscheibe von einem Pferdegeschirr aus einem Grab von Eschwege-Niederhone aus Silber in Bronzefassung (630/650 n. Chr.) heraus.

Volkskunde

In der dritten Ebene wird die Volkskundeabteilung mit einer großen Trachtensammlung gezeigt. Lebens- und Arbeitswelten sowie Zeugnisse des Alltags bis in die jüngste Vergangenheit präsentiert der Ausstellungsbereich „Mitten im Leben".

Die Bauleitung für das mächtige Gebäude des **Hessischen Landesmuseums** (1910–13) hatte der berühmte Münchner Architekt Theodor Fischer inne. In dem Bauwerk sind **drei Sammlungen der Museumslandschaft Hessen Kassel** untergebracht, die seit 2016 vollständig neu präsentiert werden.

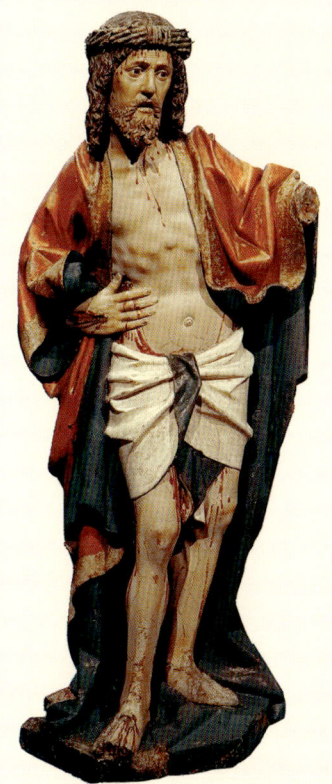

Angewandte Kunst

Die bedeutende Sammlung enthält mit der Kunst- und Wunderkammer des Landgrafen Wilhelm IV. (1567–92) die älteste museale Sammlung Hessens, darunter Erzeugnisse der Kasseler Venezianerhütte von 1583/84, Becher und Pokale aus Edelmetall, kostbare Trinkgefäße, Behältnisse aus Perlmutter, Straußenei, Kokosnuss und Rhinozeroshorn in kostbarer Fassung, Arbeiten aus Bernstein, Alabaster usw. Unter den spätmittelalterlichen Plastiken ragen die Cauber Madonna (um 1410), die Eberbacher Pietà (um 1420) und der **„Schmerzensmann" von Hans Multscher** (um 1435, Abb. links) heraus.
Aus der Schatzkammer der hessischen Landgrafen stammen u. a. ein Brunnenlöwe aus Bronze (Ägypten, 10./11. Jahrhundert), ein Emailbecher aus Syrien oder Ägypten (2. Hälfte 13. Jahrhundert), eine syrische Moscheeampel aus emailliertem Glas (um 1350), die große, silbervergoldete Schenkkanne, der so genannte **„Katzenelnbogener Willkomm"** (um 1435, Abb. rechts), eine der bedeutenden und seltenen profanen Goldschmiedearbeiten des Mittelalters und das Boabdil-Schwert aus dem maurischen Spanien (wohl 15. Jahrhundert). Die chinesische Seladonschale, ein porzellanähnliches Feinsteinzeug in silbervergoldeter Fassung (frühe Ming-Zeit, spätes 14./frühes 15. Jahrhundert) ist das früheste in Europa nachweisbare keramische Erzeugnis Chinas und wurde von Philipp d. Ä. von Katzenelnbogen 1434 auf einer Pilgerreise in Palästina erworben.

KÖNIGSSTRASSE

Die Obere Königsstraße, die Einkaufsstraße Kassels, reicht vom Brüder-Grimm- bis zum Königsplatz.

Hier steht das 1905–09 nach Plänen von Karl Roth auf H-förmigem Grundriss im Stil des niederländischen Barock erbaute **Rathaus**. Der Wiederaufbau des ausgebrannten Repräsentationsbaus erfolgte mit einer flacheren Dachneigung und somit auch ohne den im Krieg erhalten gebliebenen steilen Schmuckgiebel und dem ehemaligen mächtigen neobarocken Dachreiter mit Uhrenturm. In den 1960er und 70er Jahren wurde das Rathaus Richtung Frankfurter Straße mehrfach mit Neubauten erweitert. Der **Aschrottbrunnen** von Horst Hoheisel (1987) erinnert an seinen Vorgänger, der 1908 von dem jüdischen Fabrikanten Sigmund Aschrott gestiftet und aus antisemitischen Gründen 1939 teilzerstört und entfernt wurde.

KARLSPLATZ

Die **Karlskirche** auf dem Karlsplatz wurde für die Hugenottengemeinde 1698–1706 nach Plänen von Paul du Ry errichtet. Sie war Zentrum der im Auftrag des Landgrafen Karl neugegründeten Oberneustadt. Der achtseitige Zentralbau mit Kuppel (s. historische Abb.) war im streng calvinistischen Barockstil erbaut. Auch der schlichte Innenraum mit umlaufender Holzempore und Kanzel als Mittelpunkt entsprach einer typischen Hugenottenkirche. Noch bis 1867 predigte man hier französisch. Statt der Rekonstruktion der mächtigen Kuppel entschied man sich 1954–57 beim Wiederaufbau der 1943

ausgebrannten Kirche unter Leitung des Architekten Werner Seidel für eine schlichte Überdachung in Form eines schiefergedeckten Zeltdachs mit Glockenturm. Außerdem wurde der Eingang von Südosten nach Nordwesten verlegt, die Kirche somit städtebaulich „gedreht".

STÄNDEPLATZ

Im Zuge der Stadterweiterung kurz nach 1833 wurde der Ständeplatz parallel zur Königsstraße als breite baumbestandene Avenue nach Plänen von Julius Eugen Ruhl angelegt. Abgesehen vom Ständehaus und dem Stadtmuseum wird der Platz durch Verwaltungsbauten der frühen 1950er Jahre im sachlich-monumentalen Stil geprägt. Die Flachdachbauten besitzen zumeist große Schaufenster im Erdgeschoss und streng gerasterte, oft mit Werkstein verkleidete Obergeschosse.

Stadtmuseum
Ständeplatz 16

Das Stadtmuseum zeigt Sammlungen zur Sozial- und Kulturgeschichte Kassels, vornehmlich zur Wohn- und Arbeitswelt der Bevölkerung und zur Geschichte im 20. Jahrhundert. Sehr anschaulich wird die Stadtgeschichte anhand detaillierter Stadtmodelle dargestellt (vgl. Abb. S. 4 und unten).

*Das **Ständehaus** ist das älteste Parlamentsgebäude Hessens. Nach Plänen Julius Eugen Ruhls 1834–36 im Stil der italienischen Renaissance erbaut, diente es dem ersten ständischen Landtag als Versammlungsort, nachdem Kurfürst Wilhelm II. 1831 die neue Verfassung verkündet hatte. Bis zum Anschluss Hessens an Preußen 1866 fand hier der Kurhessische Landtag zusammen. Zudem ist das Gebäude eines der frühesten Beispiele für den Neorenaissancestil in Deutschland.*

*Das **Stadtmuseum** wurde 1869–71 von A. Scholtz als ziegelsichtiger Museumsbau für den Kasseler Kunstverein errichtet und 1877/78 im Rahmen der Umnutzung zur Schule um ein Geschoss aufgestockt. Nach Kriegszerstörung erfolgte ein vereinfachter Wiederaufbau, 2016 eine Erweiterung nach einem Entwurf der Architekten Hufnagel Pütz Rafaelian aus Berlin.*

*Der **Druselturm**, ein Stadtturm der mittelalterlichen Stadtmauer, wurde wohl 1415 erbaut.*

*oben: Die **Garnisonskirche** von 1757–70, von der 1945 noch die gesamten Außenwände standen, ist noch immer Ruine. Sie wurde von H. Chr. Röck als Saalbau mit umlaufenden Emporen erbaut (historische Abb. unten).*

TREPPENSTRASSE

Die 350 m lange Treppenstraße von der Königsstraße Richtung Bahnhof war die erste Fußgängerstraße Deutschlands und wurde 1953 auf Grundlage des Wiederaufbauwettbewerbs von 1947 (Entwurf W. Hasper) angelegt. Die Bebauung erfolgte erst danach und wurde 1957 abgeschlossen. Das zehngeschossige EAM-Hochhaus schließt die Anlage zum Scheidemannplatz hin ab.

*oben: **Treppenstraße***

*rechts: Turm der **Lutherkirche** von Hugo Schneider, 1893–97*

*unten: **Altstädter Friedhof**, Kindergrab (mit gusseisernem, neugotischem Gitter) des Julius Wilhelm Graf von Reichenbach, der 1822 siebenjährig verstarb.*

KÖNIGSPLATZ

Der kreisförmige Platz wurde 1766 von Simon Louis du Ry entworfen und wie der Friedrichsplatz auf den geschleiften Befestigungsanlagen erbaut. Von der ursprünglichen Randbebauung ist nichts erhalten.

LUTHERPLATZ

Von der neugotischen **Lutherkirche** (1893–97) von Hugo Schneider ist nur der etwa 80 m hohe Turm erhalten. Das 1943 ausgebrannte Langhaus wurde abgebrochen. Seine Funktion erfüllt nun ein niedriger Neubau von 1968–70 (Architekt Heinz Rall).

Der Turm ist stimmungsvolle Kulisse für die Parkanlage, den ehemaligen, 1843 aufgelassenen **Altstädter Friedhof** mit alten Grabsteinen teilweise bedeutender Persönlichkeiten.

*Der Kreuzgang des **ehem. Karmeliterkloster**s steckt im Kern noch in dem von 1616–18 erbauten **Renthof**, der zu diesem Zeitpunkt zur Ritterschule umgebaut wurde. Die Architektur war ursprünglich farbig gefasst. 2017 restauriert, dient sie heute als Hotel.*

*Die **Brüderkirche** (1292–1376, Fassade von 1529) ist das älteste erhaltene Bauwerk Kassels.*

BRÜDERSTRASSE

Die Straße trägt den Namen der **Brüderkirche** des 1262 gegründeten und 1526 aufgehobenen **Karmeliterkloster**s (Bettelorden der „Brüder vom Berge Carmel"). Die typische Bettelordenskirche (1292 begonnen, der Chor 1331 und das Langhaus 1376 vollendet, 1527 gekürzt und 1529 mit der heutigen Westfassade versehen) wurde als zweischiffiger Hallenbau errichtet. Der sich anschließende **Renthof** besteht im Kern noch aus den ehemaligen Klostergebäuden. Er war von 1633–53 Sitz der Universität Kassel. Architektonisch bedeutender war der Gebäudeflügel entlang der Fulda, der 1578–80 als **Kanzleibau** mit prächtigen Volutengiebeln errichtet worden war. Obgleich im 2. Weltkrieg die Außenmauern noch zu großen Teilen erhalten waren, wurde 1959 der heutige Neubau unter Verwendung nur weniger alter Bauteile errichtet.

*Das **Ostrondell der ehemaligen Schlossbefestigung** am Ufer der Fulda wurde 1523 erbaut und 1567 erhöht. Es ist das letzte bauliche Zeugnis, das im Zusammenhang mit dem ehemaligen Landgrafenschloss (s. S. 3) steht.*

*rechts: Der **ehem. landgräfliche Marstall** wurde 1591–93 durch die Baumeister Hans und Hieronymus Müller als vierflügelige Renaissanceanlage mit breiten Volutengiebeln erbaut. Obgleich die Außenwände nach der Zerstörung 1943 erhalten blieben, wurde das Gebäude abgebrochen. 1963/64 baute man die vier äußeren Umfassungswände in ähnlichen Bauformen, jedoch in den Proportionen geringfügig verändert, wieder auf. Der Marstall ist heute Markthalle.*

St. Martin, *Außenansichten im Zustand kurz vor 1889 (oben rechts), um 1920 (unten rechts) und heute; Innenraum um 1920*

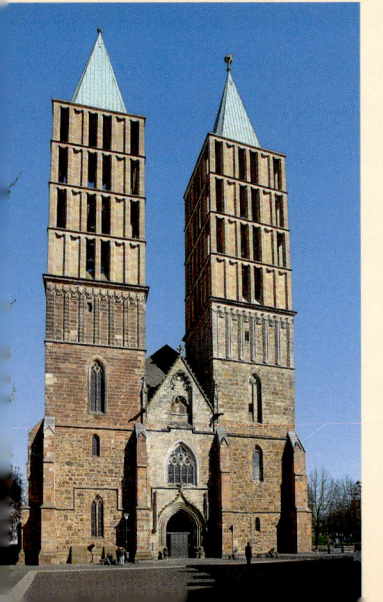

MARTINSKIRCHE

Die ehemalige Stiftskirche St. Martin (jetzt Pfarrkiche) war Mittelpunkt der um 1330 gegründeten Vorstadt „Freiheit". Sie wurde vor 1364 begonnen und sollte als die größte Kirche Kassels nach der Vorstellung des Landgrafen Heinrich II. (1328–76), dem Gründer des Stadtteils, ein „Hessischer Dom" werden, d. h. der Mittelpunkt eines gegen Kurmainz gerichteten Bistums Hessen, das aber nicht zustandekam. Immerhin aber erhob er 1366 die sich im Bau befindliche stattliche dreischiffige Hallenkirche mit sechs Jochen und Doppelturmfassade (in der Tradition der mächtigen Marburger Elisabethkirche) zur Stiftskirche mit zwölf Stiftsherren. Nach Einführung der Reformation 1526 bestimmte Philipp der Großmütige die Kirche zur Grablege seines hessischen Fürstenhauses. Heute ist die größte Kirche Kassels Bischofskirche der Evangelischen Kirche von Kurhessen-Waldeck und Veranstaltungsort von kirchenmusikalischen Veranstaltungen.

Der Chor der Kirche war 1367, das Langhaus wohl erst 1462 vollendet und konnte geweiht werden. Die Westtürme blieben zunächst noch zweigeschossig und unvollendet. Lediglich der Südturm erhielt 1483–87 ein drittes, durch Hans von Ulm 1564/65 auch noch ein viertes Geschoss. 1889–92 wurde der Renaissanceaufsatz abgebrochen und durch ein neugotisches fünftes Geschoss und einen Spitzhelm ersetzt und der Nordturm in gleicher Form und Höhe ausgebaut. Im Oktober 1943 verbrannte das spätmittelalterliche Dachwerk und die Ausstattung. Die Schiffsgewölbe stürzten ein. Es blieben lediglich die Turmstümpfe, Langhauswände und der Chor einschließlich der Wölbung, wenn auch stark beschädigt, erhalten.

Der Wiederaufbau erfolgte 1954–60 unter Leitung von Heinrich Otto Vogel aus Trier. Damit die Kirche ihre stadtbestimmende Außenwirkung auch in der neugestalteten Umgebung wiedergewinnen konnte, wurden vier moderne Turmobergeschosse errichtet. Die im 2. Weltkrieg unzerstörten neugotischen Turmgeschosse brach man jedoch ab. Beibehalten wurden die erhaltenen Außenmauern. So entstand wieder eine dreischiffige Halle, jedoch mit einem reizvollen neuen Faltgewölbe auf sehr dünnen, wenig raumtrennenden Säulen. Da ein kleiner gottesdienstlicher Raum für die Gemeinde erwünscht war, der mit dem Groß-

raum der Kirche für Konzerte vereint werden sollte, entwarf der Architekt zwischen Chor und Langhaus eine trennende und zugleich verbindende Glaswand in Betonrahmen. 2017 erhielt die Kirche eine Orgel der österreichischen Rieger Orgelbau.

*oben: Die **Prunksärge** des Landgrafen Karl († 1730) (Abb.: Zustand vor 1943) und seiner Gemahlin Maria Amalie von Kurland († 1711) stehen heute in der modernen Gruft unter dem ehemaligen Kapitelsaal. Dort befinden sich weitere Metallsärge des 17. und 18. Jahrhunderts aus den beiden ehemaligen Fürstengruften.*

*links oben: Der **Innenraum** erhielt 1954–60 beim Wiederaufbau ein Faltengewölbe. Die Glasfenster im Chor stammen von Hans-Gottfried von Stockhausen (Entwurf 1960).*

*links unten: Das 12 m hohe figurenreiche **Marmor- und Alabastergrabmal Philipps des Großmütigen** (gest. 1567), heute im nördlichen Seitenschiff, früher als Blickfang der Kirche an der Ostwand des Chorpolygons (s. Abb. S. 18), wurde von Elias Godefroy aus Cambrai 1567 begonnen und von seinem Schüler Adam Liquir Beaumont 1572 vollendet. Es gehört zu den bedeutendsten Schöpfungen seiner Zeit.*

ARTILLERIESTRASSE

In der Artilleriestraße stehen die Reste des ehem. **Zeughaus**es von 1581–83, das am Rand der mittelalterlichen Stadt lag. Die Artilleriestraße führt unmittelbar auf die **Universität Kassel** zu, die 1971 als erste integrierte Gesamthochschule in Deutschland gegründet wurde. Das 1974 frei gewordene Gelände der traditionsreichen Firma Henschel (Gießerei, Eisenbahn-, Flug- und Fahrzeugbau) wurde dafür bezogen, und die bestehenden Gebäude wurden teilweise umgenutzt. Inzwischen fielen jedoch die meisten Industriedenkmale Neubauprojekten zum Opfer.

HAUPTBAHNHOF

Im Hauptbahnhof am Rande des Stadtzentrums befindet sich die **Galerie für Komische Kunst (Caricatura)** für wechselnde Ausstellungen. Vor dem Bahnhofsgebäude steht die Plastik **„Himmelsstürmer"**, bestehend aus einem 25 Meter langen Rohr mit einem himmelwärtsschreitenden Mann des amerikanischen Künstlers Jonathan Borowsky, das er zur documenta 9 (1992) schuf.

Caricatura –
Galerie für Komische Kunst
Rainer-Dierichs-Platz 1

oben links:
Hauptbahnhof

oben rechts:
Himmelstürmer

unten rechts:
Am Fuldaufer steht die „Spitzhacke" des amerikanischen Künstlers Claes Oldenburg, die anlässlich der documenta 7 (1982) erstellt wurde. Der Künstler möchte den Eindruck erwecken, Kassels Herkules habe die Spitzhacke von sich geschleudert, und diese sei am Fuldaufer, in der Verlängerungsachse der Wilhelmshöher Allee steckengeblieben.

*links: Als Ausstellungs- und Diskussionsforum der **Universität Kassel** dient das ehemalige **Gießhaus** von 1836/37 nach Entwurf von Carl Anton Henschel, ein runder überkuppelter Backsteinbau mit Rundbogenfenstern (Abb. links oben). Außerdem entstanden als Universitätsgebäude zeitgemäße Neubauten (Abb. links).*

*unten links und Mitte: Das **ehem. Zeughaus** von 1580–1611 war ein langgestreckter viergeschossiger Bau mit achteckigem Treppenturm (s. historische Abb.). An der Hauptfront wurden 1766 zwei Portale eingefügt. Die Außenwände überstanden die Zerstörung von 1943. Dennoch wurden nach 1960 zwei Drittel der Ruine zugunsten eines Schulneubaus abgebrochen.*

KARLSAUE

Ab 1568 ließ sich Landgraf Wilhelm IV. auf der von zwei Flussarmen umschlossenen Fuldaaue einen Renaissancegarten mit Gebäude für exotische Früchte anlegen. Es entstand die erste in Deutschland nachweisbare **Orangerie**. Landgraf Moritz erweiterte um 1600 die Anlage („Moritzaue"), und Landgraf Karl ließ schließlich nach 1680 die gesamte Insel zwischen kleiner und großer Fulda in eine **barocke Parkanlage**, die nun Karlsaue genannt wurde, umgestalten. Der Gartenkünstler ist unbekannt; brieflich um Rat gefragt wurde der Architekt der Versailler Gartenanlage André le Nôtre.

Der 125 ha große **Park** zeigt sich heute als eine Mischung aus barockem/französischem Barockpark und englischem Landschaftsgarten (nach teilweise ausgeführten Plänen von G. W. Homburg).

*oben: Die **Orangerie** (1702–11), ein fast 140 m langer Bau mit Eck- und Mittelpavillon, diente als Gewächshaus und Sommerresidenz des Landgrafen Karl. Den oberen Abschluss der Architektur bilden Balustraden und Statuen (Kopien nach Originalen z. T. von Joh. Georg Kötschau, um 1730). unten: Der **Tempel auf der Schwaneninsel** (frühes 19. Jh.) liegt im südlichen Teil der Karlsaue, im Aueteich, in der Blickachse zwischen der Orangerie und der künstlich angelegten sehenswerten **Blumeninsel Siebenbergen** (1729 vollendet, geöffnet 1. April–3. Oktober) mit seltenen Pflanzen.*

*In der mittleren Allee der Parkanlagen stehen die beiden so genannten **Rossebändiger**, zwei Skulpturen von Johann August Nahl (um 1770).*

Museumslandschaft Hessen Kassel –
Astronomisch-Physikalisches Kabinett mit Planetarium
in der Orangerie *(Karlsaue 20 c)*

Im Orangerieschloss wird eine der weltweit bedeutendsten Sammlungen wissenschaftlicher Messintrumente und Uhren präsentiert. Das supermoderne Planetarium steht in der Forschertradition der hessischen Landgrafen.

oben und links:
Orangerie

rechts:
Astronomische Tischuhr *von Jost Bürgi, Kassel 1591, mit silberner Reliefdarstellung des Kopernikus mit heliozentrischem Weltsystem*

links: Von der Ausstattung der Orangerie blieb nach den großen Schäden im 2. Weltkrieg nur das **Marmorbad** *im westlichen seitlichen Pavillon (1722–28) erhalten. Der französische Bildhauer Pierre Etienne Monnot schuf 1692–1720 in Rom und Kassel die im Inneren befindlichen äußerst qualitätvollen Marmorreliefs.*

Der **Marstall** wurde 1791 von Heinrich Christoph Jussow erbaut und 1822 von Joh. Conrad Bromeis erweitert.
Links neben dem Marstall steht das durch S. L. du Ry im ausgehenden 18. Jahrhundert umgebaute ehemalige **Kavaliershaus**, das 1825 durch Bromeis für die Gräfin von Reichenbach sein heutiges Aussehen mit Pilastergliederung und Palmettenfries erhielt.

KASSEL-WILHELMSHÖHE

oben: Das **Wachgebäude** (jetzt „Café Alte Wache") von Bromeis stammt von 1824–26.

rechts Mitte: Das **Große Gewächshaus**, 1822 von Joh. Conrad Bromeis erbaut, besitzt eine der frühesten Eisenkonstruktionen. Die ehemalige Rotunde in der Gebäudemitte wurde jedoch 1888 durch den heutigen Mittelpavillon ersetzt.

rechts unten: Das **Ballhaus** neben dem Schloss wurde von Leo von Klenze (1784–1864), der seit 1808 „königlicher Architekt" Jérôme Napoléons war, als Hoftheater erbaut (1808/09) und 1828–30 von Joh. Conrad Bromeis (1788–1855) zum Ballhaus umgestaltet. Das Gebäude wird für kulturelle Veranstaltungen genutzt.

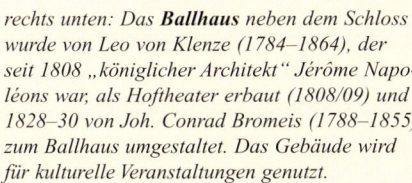

WILHELMSHÖHER BERGPARK

Die großartige Parkanlage, die seit 2013 zum UNESCO Weltkulturerbe gehört, geht auf die Vorstellung Landgraf Karls (reg. 1677–1730) zurück, der – unter dem Eindruck italienischer Vorbilder – eine Verbindung von Architektur, Landschaft und Wasser für seine Parklandschaft anstrebte. Dazu berief er 1701 den italienischen Architekten Giovanni Francesco Guerniero nach Kassel, der mit dem **Riesenschloss** und den **Kaskaden** die großartigste Anlage dieser Art des Barock schuf, obgleich nur der obere Teil der geplanten Kaskadenfolge realisiert wurde.

Unter Friedrich II. (reg. 1760–85) wurde der Park unter englischer Anregung zu einem Landschaftsgarten umgestaltet. Grotten, Eremitagen, Aquädukte, ein chinesisches Dorf, eine Moschee usw. wurden in die scheinbar freie Natur eingebaut.

Unter Landgraf Wilhelm IX. (reg. 1785–1821, seit 1803 Kurfürst Wilhelm I.) entstanden das klassizistische **Schloss** und die **Löwenburg**.

*oben: Von dem kleinen „chinesischen" Dorf Mulang, das als exotisch-historische Architektur Bestandteil des Englischen Landschaftsgartens war und im Wesentlichen 1782–85 wahrscheinlich von Simon Louis du Ry erbaut wurde, ist die kleine **Pagode** erhalten.*

links unten: Blick vom Riesenschloss mit der Kaskade zum Schloss Wilhelmshöhe.

Blick von Schloss Wilhelmshöhe zum Riesenschloss; rechts **Rundtempel** *(1817/18) von Heinrich Christoph Jussow*

rechts: **Aquädukt,** *1788–92 von Jussow als künstliche Ruine in Anlehnung an eine verfallene römische Wasserleitung erbaut. Während der „Wasserspiele" stürzt das Wasser 30 m tief vom hohen Pfeiler.*

unten: Der **Steinhöfer Wasserfall** *ist nach Karl Steinhöfer, dem „Architekten" der Wasserkünste, benannt. Ursprünglich als „Bergwasserfall" bezeichnet, wurde die künstliche Anlage durch Steinhöfer bis 1793 ausgeführt.*

SCHLOSS WILHELMSHÖHE

Anstelle des Klosters Weißenstein (1143–1528) ließ Landgraf Moritz 1606–10 ein Jagdschloss errichten, das unter Landgraf Wilhelm IX., seit 1803 Kurfürst Wilhelm I., durch den heutigen Bau nach Plänen von Simon Louis du Ry und Heinrich Christoph Jussow 1786–98 ersetzt wurde. Die Seitenflügel der Dreiflügelanlage standen ursprünglich vom Hauptbau getrennt und waren zunächst nur durch Terrassen verbunden. Erst 1829 wurden sie auf die jetzige Höhe gebracht. Vorbilder für die ungewöhnliche Schrägstellung der Seitenflügel und den monumentalen Portikus des Mittelbaus mit seiner Kolossalordnung lieferte der englische Palladianismus (z. B. mit dem Schloss Prior Parc in Bath von John Wood und dem Schloss Blenheim von John Vanbrugh). Auch die nach ihrer Zerstörung

1943/45 nicht wiederhergestellte ehemalige mächtige Kuppel von Jussow über dem Mittelbau hat Vorläufer in England (Abb. S. 27).

oben:
Schloss Wilhelmshöhe

oben: Schlafzimmer des Kurfürsten, **Weißensteinflügel**

rechts: Bildnisgalerie, **Weißensteinflügel**

*Thronsaal, **Weißensteinflügel***

Schloss Wilhelmshöhe, Weißensteinflügel

Zu besichtigen sind historische Innenräume im Weißensteinflügel mit seinen qualitätvollen klassizistischen Wand- und Stuckdekorationen sowie einer bemerkenswerten Möbelausstattung.

Schloss Wilhelmshöhe um 1920 mit Kuppel

*unten: Blaues Schreibzimmer mit Roentgenschreibtisch (um 1780), **Weißensteinflügel***

Museumslandschaft Hessen Kassel – Antikensammlung

Schloss Wilhelmshöhe

Neben der berühmten antiken Skulpturensammlung mit dem Kasseler Apollon, der Athena und zahlreichen römischen Porträt- und Reliefdarstellungen sind auch griechische und römische Tongefäße, Münzen, Schmuck und Glas zu sehen, darunter auch eine stattliche Sammlung der frühen Kulturen (3.–2. Jahrtausend v. Chr.) aus Troja, Kreta, Mykene und Zypern.

Museumslandschaft Hessen Kassel – Gemäldegalerie Alte Meister

Schloss Wilhelmshöhe

Die Gemäldegalerie Alte Meister gehört zu den bedeutendsten ihrer Art in Deutschland. Alleine von dem größten Meister der holländischen Malerei, Rembrandt, besitzt sie mit 12 Gemälden nach Berlin die umfangreichste Sammlung in Deutschland. Außerdem sind Meisterwerke z. B. von Cranach d. Ä., Dürer, Rubens, van Dyck, Hals, Terbrugghen, Tizian und Murillo vertreten.

rechts: Albrecht Dürer: Bildnis der Elsbeth Tucher, 1499
unten: Rembrandt van Rijn: Jakob segnet Ephraim und Manasse, 1656

*Der **Kasseler Apollon** (Antikensammlung) ist eine römische Kopie nach einer nicht mehr erhaltenen Bronzestatue aus der Werkstatt des Phidias.*

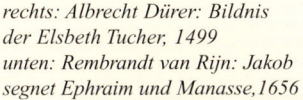

27

RIESENSCHLOSS

Das **Riesenschloss** von 1701 bis 1718 nach Plänen von Giovanni Francesco Guerniero besitzt eine Höhe von 60 Metern (ohne Figur) und wird von der gewaltigen, in Kupfer ausgeführten Nachbildung des farnesischen **Herkules** (Höhe 8,30 m) bekrönt, die der Goldschmied Joh. Jakob Anthoni 1713–17 schuf. Riesenschloss und die 250 m lange **Kaskade** thematisieren die mythologische Gigantenschlacht. Herkules hat im Kampf seinen Gegner, den Riesen Encelados, mit einem Felsblock besiegt. Vom Riesen ist nur der Kopf im oberen Wasserplateau am oberen Teil der Kaskade sichtbar. Wütend speit er einen 12 m hohen Wasserstrahl gegen Herkules, und aus diesem Strahl entwickelt sich das Wasserschauspiel der Kaskade.

„Wasserspiele"

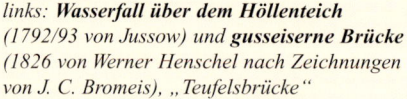

links: **Wasserfall über dem Höllenteich** (1792/93 von Jussow) und **gusseiserne Brücke** (1826 von Werner Henschel nach Zeichnungen von J. C. Bromeis), „Teufelsbrücke"

Die **Wasserspiele** sind im Sommerhalbjahr (1. Mai bis 3. Oktober) jeden Sonn- und Feiertag sowie Mittwoch ab **14.30 Uhr** zu sehen, beginnend am Riesenschloss mit dem Herkules und abschließend um etwa 15.45 Uhr am Schloss Wilhelmshöhe mit der 52 m hohen Fontäne (www.museum-kassel.de).

Rüstkammer der **Löwenburg**

Burgkapelle der **Löwenburg**: *Sarkophagdenkmal für den Kurfürsten Wilhelm I. von Heinrich Christoph Jussow, 1800*

oben rechts und unten: **Löwenburg**

LÖWENBURG

Die Löwenburg wurde 1793–1801 nach Plänen von Heinrich Christoph Jussow als künstlich-ruinöse Burg unter dem Einfluss der englischen Neugotik erbaut. Sie ist als sehr frühes Beispiel des malerischen Baustils in Deutschland und der bewussten Wiederaufnahme historischer mittelalterlicher Bauformen damit ein Vorläufer z. B. von Schloss Neuschwanstein und zugleich einer der kultur- und kunstgeschichtlich bedeutendsten Bauten der Zeit um 1800 in Deutschland. Vorläufer der Löwenburg sind die englischen Ruinen-Schlossbauten von Sanderson Miller (1717–80) aus der Mitte des 18. Jahrhunderts, das Gotische Haus (1773/74, 1785/86) in der Wörlitzer Parkanlage und der Wohnturm des Erbprinzen Wilhelm im Kurbad Wilhelmsbad bei Hanau (1779–81). Neben Rousseaus „Retour à la nature" kommt durch die Kombination aus Ruine und mittelalterlicher Burg das Historische und die damit verbundene Vergänglichkeit zum Ausdruck. Die Löwenburg war somit der Gegenpol zum absolutistischen Schlossbau, eine sichtbare Befreiung aus den Zwängen höfischer Etikette, aber auch patriotischer Gesinnung und Rückbesinnung auf die Geschichte, wie auch die Ausstattung mit spätmittelalterlichen Kunstwerken (darunter ein Gemälde von Hugo van der Goes in der Kapelle) veranschaulicht.

*Die Planung für **Schloss Wilhelmsthal** bei Calden und den dazugehörigen Barockgarten lieferte um 1744 der berühmte Münchner Hofarchitekt François de Cuvilliés. Er entwarf eine locker gruppierte Dreiflügelanlage, deren Seitenflügel nur durch niedrige Zwischenstücke mit dem Hauptbau verbunden sind.*

SCHLOSS WILHELMSTHAL

Das Lust- und Landschloss der hessischen Kurfürsten bei Calden ist eine der elegantesten Rokoko-Anlagen Deutschlands. Das **Schloss** wurde von 1747–55 unter dem Landgrafen Wilhelm VIII. erbaut und nach ihm benannt. Das Innere (um 1756–61) zeigt erlesene Rokokodekorationen, teilweise von Cuvilliés.

Der neugotische **Wartturm** im Park wurde bereits 1799–1801 nach einem Plan von Simon Louis du Ry (um 1799) ausgeführt.

*Die vorgelagerten Wachhäuser (um 1758) von **Schloss Wilhelmsthal** entwarf Simon Louis du Ry.*

*Schönheitsgalerie mit Gemälden von J. H. Tischbein d. Ä. (oben) und Musensaal (unten), **Schloss Wilhelmsthal***

*Die **Grotte im Park von Wilhelmsthal** nach Plänen von Cuvilliés (1744/45) dient Wasserspielen.*